Karl-Heinz Wettinger

Freiheit trotz Pandemie-Beschränkungen

Bibliografische Information der Deutschen Nationalbibliothek
Die Deutsche Nationalbibliothek verzeichnet diese Publikation in der Deutschen Nationalbibliografie; detaillierte bibliografische Daten sind im Internet über http://dnb.d-nb.de abrufbar.

2., ergänzte und aktualisierte Auflage 2021
Die 1. Auflage erschien unter dem Titel »Du Mensch! Wo ist dein Gott?«

Orber Str. 30, D-60386 Frankfurt/Main

Schriftart: Palatino 11 pt
Herstellung: rgf/bf
ISBN 978-3-8301-9558-0

Karl-Heinz Wettinger

Freiheit trotz Pandemie-Beschränkungen

Der Weg nach innen,
zu deinem wahren Selbst

2., ergänzte und aktualisierte Auflage 2021

R. G. Fischer Verlag

Karl-Heinz Wettinger, geb. 1951, war ein Vollblutbanker, bis er vor 27 Jahren seinen bisher tiefsten Fall im Leben erfuhr. Ein Suizid konnte kurzfristig durch seine Einsicht, dass dies kein Ausweg sein kann, verhindert werden. Seit diesem Zeitpunkt ließ ihn die Suche nach dem Grund für das Dasein der Menschen auf dieser Welt nicht mehr los. Die schmerzhafte Erfahrung führte nach und nach nicht nur zur Bereinigung der damaligen nahezu aussichtlosen finanziellen Situation, sondern, was viel bedeutsamer und wertvoller war, zu spiritueller Einsicht in bis zu diesem Zeitpunkt nicht gekannte neue Welten im Inneren des Menschen.

Die eigenen schmerzvollen Erfahrungen führten zu immer mehr Bewusstsein über den Sinn des Lebens, bis der Autor zu der Erkenntnis kam: Die Ursache für ein unbefriedigendes Leben in dieser Welt ist immer nur der Mensch selbst, nie eine andere Person und auch keine äußere Situation. Auf die Menschen zukommende Ereignisse sind immer nur Resonanzen, die sie zwingen sollen, aufzuwachen.

Es ist immer nur der jeweilige Mensch selbst, der für sein Leben verantwortlich ist. Die Hilfe auf dem Weg zur Umkehr und die göttliche Energie kann von jedem Menschen nur in sich selbst, im inneren Körper, im sogenannten Samenkorn gefunden werden. Dieses Samenkorn gilt es für jeden Menschen freizulegen und mit dieser göttlichen Energie zu verschmelzen.

Der einzelne Mensch kann dadurch selbst über Glück oder Unglück in seinem Leben entscheiden.

Vorwort

Liebe Leserin, lieber Leser,

seit dem Erscheinen der ersten Auflage 2014 unter dem Titel »Du Mensch! Wo ist dein Gott?« sind viele Jahre vergangen und die Herausforderungen in der Welt sind zwischenzeitlich nicht kleiner, sondern deutlich größer geworden.

Als die erste Auflage erschien, war die Eurokrise durch die Lehmann-Pleite in Amerika voll im Gange. Zwischen 2009 bis zum heutigen Tage wurde versucht, durch die Niedrigzinspolitik die Wirtschaft in Gang zu halten, damit das Finanzwesen und somit die Banken weltweit nicht total zusammenbrechen. Zusätzlich wurde durch die Nationalbanken immer mehr Geld in den Wirtschaftskreislauf gepumpt.

Auf den ersten Blick scheint das Vorhaben gelungen zu sein, ist es aber nicht. Trotz bereits seit vielen Jahren sehr niedrigen Zinsen ist die Inflation auf einem immer noch zu niedrigen Stand und lag im vergangenen Jahr 2020 in manchen Quartalen bereits kurz vor einer Deflation.

Die Corona-Pandemie beschäftigt uns nun bereits seit etwa anderthalb Jahren und die Ursache ist noch immer nicht ganz eindeutig festgestellt. Inwieweit es sich hier um eine echte Gefahr für uns Menschen handelt oder ob diese Pandemie von den Regierenden bewusst dramatisiert wird, um uns einzuschüchtern, vermag ich nicht zu beurteilen. Die offiziellen Veröffentlichungen berichten weltweit über sehr viele Tote, welche durch das Virus oder mit dem Virus gestorben sind.

Hier ist nach über einem Jahr Pandemie noch immer offen, ob es sich bei diesem Virus um ein eigenständiges Virus handelt, welches durch Ansteckung von Mensch zu Mensch übertragen werden kann. Grundsätzlich braucht es einen Wirt, also einen Menschen, welcher offen für diese Viren ist. Sehr viele weltweit anerkannte Experten auf diesem Gebiet gehen davon aus, dass ein gesunder Mensch mit diesem Virus leben und so umgehen kann, dass es nicht gefährlich für ihn ist.

Es gab von Beginn an einige Verschwörungstheorien, z. B. dass die Menschheit reduziert werden oder eine weltweite Diktatur (neue Weltordnung) aufgebaut werden soll. Die Zeit wird zeigen, ob es tastsächlich so ist. Hierzu kann sich jeder interessierte Mensch selbst im Internet Beiträge mit Pro und Contra suchen und sich seine eigene Meinung bilden. Es gibt hier unter dem Begriff »The Great Reset« einen umfangreichen Beitrag und auch ein Buch dazu von Klaus Schwab. Auch gibt es einen Vortrag über Pandemie-Planspiele von Paul Schreyer. Ebenfalls gibt es noch offene Fragen über die Isolierung der festgestellten Corona-Viren als eigenständige Viren und auch ob der PCR-Test geeignet ist, eine Infektion mit diesen Viren festzustellen.

Unabhängig von den aktuell noch zu vielen Unklarheiten in der Pandemie ist aber bereits seit Beginn der Eurokrise und der weltwirtschaftlichen Finanzprobleme klar geworden, dass unser heutiges System ohne vermutlich sehr große Veränderungen nicht überleben kann. Die größte Veränderung und somit die Herausforderung für jeden einzelnen Menschen wird sein, dass er sich mehr auf die inneren geistigen Werte besinnen muss, sein Bewusstsein schärfen und immer mehr hinterfragen sollte, was uns von Experten und Regierungen täglich präsentiert wird.

Die Regierungen in der EU und die EU selbst haben aufgrund der uns bekannten monatelangen Schließungen durch die vorgenommenen Lockdowns bereits sehr große Milliarden-Beträge zur Rettung ganzer Wirtschaftszweige und zur Ankurbelung der Wirtschaft nach den Lockdowns zur Verfügung gestellt. Inwieweit diese erneute Geldschwemme mittelfristig zu einer größeren Inflation oder noch größeren Weltwirtschaftskrise führen wird, bleibt bis auf weiteres offen.

Jeder Einzelne von uns muss lernen, die Verantwortung für sein eigenes Leben zu übernehmen und aufhören, die Schuld für sein eigenes Schicksal bei der Regierung und bei anderen Menschen zu suchen.

Die Zeit ist nun wirklich reif und jetzt durch diese Pandemie gekommen, den Weg nach innen zu sich selbst zu suchen, diesen Weg zu entdecken und trotz der großen Herausforderungen durch die Pandemie und der höchstwahrscheinlich vor uns liegenden sehr großen Umwälzungen in der Welt frei zu werden. Wahre Freiheit kommt nur von innen und nicht von außen.

Wir alle wissen nicht, was auf uns Menschen alles zukommt. Aber jeder Mensch sollte wissen, dass die göttlichen Naturgesetze von aussäen und ernten immer folgerichtig eintreffen werden. Nur mit positiven Gedanken und ehrlichem und aufrichtigem Leben nach der wahren christlichen oder Islam Lehre können wir zufrieden auf dieser Erde leben, egal, was die Zukunft bringt.

Karl-Heinz Wettinger
April 2021

1. Teil

Das Göttliche Prinzip

Alles beginnt mit dem Geben.

Gäbe Gott, der die Tiefe des Nicht-Seins ist, nicht das Sein, den ersten Beginn, dann bestünde keine Schöpfung. Im ganzen Universum gibt es nichts, das für sich nimmt – alles empfängt und setzt um.

Hält die Sonne ihre Wärme für sich selbst zurück? Als Mega-Transformator gibt sie: Wärme, Wachstumskraft, hohe und niedrige Vibrationen, die nötig sind, um das planetare System mit Leben zu versorgen und zu unterhalten.

Hält die Erde ihre Luft für sich zurück, in der die Lebensäther vibrieren, oder ihre Wasserläufe, die die Berge durchschneiden und die Ebenen bewässern? Hegt sie nicht in ihrem Dunkel die Keimkraft, die Salze und Minerale, um sie in jedem Jahr dem Leben zu schenken, das tausendfach ausbricht?

Und ihrerseits empfängt die Erde die Schönheit eines Brautschmucks, die Klänge des plätschernden Baches, das Freudenlied der Schwarzdrossel und der Nachtigall.

Aus dem Zusammenwirken von Erde, Wasser, Luft und Wärme entstehen Leben, Bewusstsein und Schönheit.

Sogar der Mond, der dem irdischen Leben Rhythmus und Wachstum verleiht, spiegelt in der dunklen Nacht das Sonnenlicht wieder. Er behält es nicht für sich selbst, sondern gibt es der Erde, es sei denn, die Erde stellt sich zwischen ihn und die Sonne.

Nichts im Universum nimmt für sich selbst – ausgenommen der Mensch. Denn das Göttliche Prinzip scheint beim Menschen nicht zu wirken. Alles gehört ihm, meint er.

Einführung

Die Menschen sind seit sehr langen Zeiten von den ursprünglichen geistigen Welten der Göttlichen Einheit getrennt.
Im Verlaufe ihres Lebens sind sie deshalb stets auf der Suche, diese nicht mehr vorhandene Göttliche Einheit in der äußeren Welt der Wünsche und Begierden zu finden.

So entstand nach Abtrennung vom Göttlichen Zustand die Liebe zur eigenen Projektion. Die Vorstellungen, Wünsche und Sehnsüchte werden auf andere Menschen und Dinge projiziert.
Die Menschen suchen sich Partner, in welchen sie Eigenschaften erkennen, welche den Menschen selbst fehlen und nicht ausgelebt werden können, an diesen Partnern zu erkennen und somit über diese Partner zu erleben und auszuleben.

Dies nicht nur in Partnerschaften, sondern auch im Beruf, Freizeit und in sonstigen Beziehungen zu anderen Menschen und Dingen.

Auf diese Art und Weise finden sich auch die Liebenden, welche auf die gegenseitigen Projektionen ansprechen und sich wechselseitig in diese Projektionen verlieben.

Es entsteht eine Scheinliebe!

Die wahre innere und tiefe Liebe fehlt, weil man sie einmal auch selbst nicht mehr in der erforderlichen ursprünglichen Form erhalten hat und zum anderen, weil der Mensch von der ursprünglichen geistigen Welt und der göttlichen Einheit getrennt ist.

Den Menschen ist dieser Sachverhalt zumeist nicht bewusst. Aus ihrer Sicht geben sie stets ihr Bestes.

Beziehungen werden irgendwann scheitern, weil die fehlende wahre Liebe und somit auch echte Anerkennung, Freude und Zufriedenheit überwiegend in Äußerlichkeiten gesucht werden; denn im Inneren sind diese Eigenschaften zumeist nicht mehr vorhanden. Oder es entwickelt sich eine Partnerschaft zu einer Gewohnheitsbeziehung ohne die echte innere und tiefe Verbindung, wie es ja bereits zu oft der Fall ist.

Im Äußeren gibt es vielerlei Möglichkeiten und Ablenkungen als Ersatz. Dies können Geldgier, sonstige materielle Wünsche, Macht und Machtspiele, Süchte in Beruf, Sport, körperliche Begierden und Hobbys und vieles mehr sein.

Es besteht die Gefahr, dass sich der Mensch in etwas hinein steigert, was in Äußerlichkeiten besteht und in eine Sucht münden kann, welche nur ein Ersatz für die von innen fehlenden Ursprungswerte sein kann.
Das Wahre und Echte, die inneren Ursprungswerte können so niemals gefunden, vor allem auch nicht ausgeglichen werden.

Das wirklich bedauerliche daran ist, dass sich die Defizite ständig wiederholen, vererben und verstärkt an die eigenen Kinder weitergegeben werden, ohne dies zu wollen und ohne dies zu merken.

Das Ergebnis, bei allen Menschen zusammengefasst, spiegelt sich im jeweiligen Zustand und der Entwicklung auf unserer Erde.

Verantwortung übernehmen!

Wir selbst sehen die Ursachen nicht bei uns.
Die Schuldigen und Verantwortlichen sind gerne die Anderen.
Von diesen gibt es ja auch so viele.
Wir selbst sind ja nur eine einzige Person, so denken die meisten Menschen. Was können wir schon ausrichten?

Wir können sehr wohl etwas ausrichten und uns somit verändern. Schließlich haben wir bereits auch genug angerichtet.

Beginnen wir sofort, die Verantwortung bei uns zu suchen und auch zu übernehmen. Ergründen wir uns selbst bis in unser tiefes Inneres.

Die Menschen sind abgekommen vom Pfad der reinen göttlichen Liebe, weil sie diese über mehrere Generationen hinweg immer weniger oder gar überhaupt nicht mehr erhalten haben.

So zeigt uns die gegenwärtige Entwicklung auf der Welt, dass die Umkehr, das Umdenken für jeden Einzelnen immer dringender wird.

Die Zeit ist gekommen und wird immer knapper!

Wir müssen prüfen und erkennen, wie es in uns selbst aussieht, Verantwortung übernehmen für das eigene Tun, versuchen, die Ursachen zu erkennen und danach zu handeln, jeder für sich, gemeinsam in der Partnerschaft, in der Familie, in Vereinen und sonstigen Gemeinschaften.

Wer sich wirklich ernsthaft ändern will, bekommt die erforderlichen Hilfen und Möglichkeiten direkt von innen oder auch indirekt von außen je nach seinen eigenen Resonanzen.

Die folgenden Seiten wollen Hinweise und Anregungen zum wahren Sinn des Lebens geben. Es können nur Impulse, basierend auf eigenen inneren und äußeren Erfahrungen und Erkenntnissen, sein.

Die grundsätzlichen Schwerpunktprobleme sind bei allen Menschen ähnlich. Die Details der Erfahrungen sind bei den Menschen aufgrund der unterschiedlichen Herkunft und Aufgaben verschieden.

Alles kann nur so weitergegeben werden, wie wir es selbst erhalten haben. Alles, was wir mit unseren Gedanken, Worten und Werken ausgesandt haben, kommt letztendlich wieder auf uns zurück.
Sei deshalb vorsichtig:

was du sagst, was du denkst und was du tust!

Die Ernte zeigt sich bereits seit langer Zeit und auch immer deutlicher in der Gegenwart und bringt immer mehr die Ergebnisse aufgrund des Aussäens der Menschen mit einer nicht sehr angenehmen Ernte ans Tageslicht in dieser Welt.

Es gibt somit keinen Grund, auf eine spätere, noch unangenehmere Ernte zu warten, sondern nur die Aufforderung sich zu besinnen, umzukehren und sich selbst zu ändern, um mitzuhelfen, die weitere Entwicklung der Menschheit positiv zu beeinflussen.

Vielen Dank.

Du Mensch

Du Mensch, mache einen Plan zum Glücklichsein!
Empfinde dich als super,
als eine vom Verstand geführte Himmelsleuchte!

Mache weitere Pläne und stelle nach Ausführung fest:
»Sie alle funktionierten nicht.«

Führe dein Leben weiter mit deinem EGO-ICH!
Träume weiter von den äußerlich schönen Dingen des Lebens!

So hast du keine Chance, dem »wahren Leben« in deinem Inneren zu begegnen und die immerwährenden echten und wirklich schönen Dinge im Leben zu sehen und zu erleben.

Solltest du irgendwann doch einmal erkannt haben, dass die vom EGO-Ich geführten äußerlichen Annehmlichkeiten dich nicht zu bleibendem Glück führen, ist es immer noch nicht zu spät:

»Du kannst jederzeit umkehren, dich nach innen richten;
du beginnst dann erst zu leben.«

Die Bibel

Was nützt es dir, wenn du die Bibel studierst, den Inhalt mit deinem noch nicht erweiterten Bewusstsein interpretierst und daraus mit deinem EGO-Ich deine persönliche Wahrheit aufbaust, diese dich dann aber daran hindert, die göttliche universelle Wahrheit darin zu erkennen.

Die göttliche universelle Wahrheit zu erkennen ist jedem Menschen möglich, welcher das hierzu erforderliche Bewusstsein entwickelt hat.

Wer alles, was er will, aus der Bibel zu beweisen und zu erklären sucht, als wäre deren Inhalt formbar wie Wachs, wird ebenso ernten, was er dadurch ausgesät hat.

Dein innerer Quell

Der Brunnen in dir hat keinen Boden und ist unendlich tief. Aus ihm entspringt in deinem Innersten der Quell mit dem lebendigen Wasser des Lebens.

Dieses Wasser des Lebens wird dir von Gott gereicht, wenn du es verlangst, weil du Durst danach hast.

Wenn du dieses Wasser trinkst, wirst du nach und nach auch das Brot erhalten, die geistige Nahrung, welche dich zur göttlichen Wahrheit führt.

Es kann alles so einfach sein, wenn der Mensch sich öffnet und sich nach seinem Innersten richtet, wenn er sich öffnet für das wahre Leben und sich verabschiedet von dieser Welt, der Welt der Begierden und Wünsche, der materiellen Welt und des Vergnügens.

Lass dich fallen in deinen unendlich tiefen Brunnen!
Lass dich tragen von deinem eigenen Vertrauen!
Glaube an dich und vertraue, so wird dich die göttliche Kraft führen.

Das Gebet

Uneigennütziges Handeln und Denken in göttlicher Liebe
ist das wahre Gebet.

Ein Nachsprechen von vorgegebenen Texten,
ohne diese zu verstehen, nützt nichts,
wenngleich diese Art des Gebets viel einfacher ist.
Denken wir einmal darüber nach; es ist nie zu spät.

Beten ohne Unterlass ist dauerhaftes Handeln und Tun
nach den göttlichen Grundsätzen in den Heiligen Schriften.

Hast du dies erfasst? – Übe dich eilig ohne Hast!

Wo ist dein Gott?

Du kannst die Bibel jahrelang studieren.
Gott wirst du hier nicht finden.
Gott ist tief in dir vergraben.

Wecke ihn auf, lass ihn »in dir« leben.
Er wartet darauf. Dann zeigt sich Gott überall.
Du musst nur hören und verstehen, wenn er anklopft.
Nur durch dein wahres Sehen kannst du ihn auch erkennen.

So höre, wer hören kann, sehe, wer sehen kann und verstehe,
wer verstehen kann.

Der Mensch ist:

Der Mensch ist, was er isst.
Der Mensch sieht, was er gesehen hat.
Der Mensch lebt, was er erlebt hat.
Der Mensch geht auf dem Weg, den er sich geschaffen hat.
Der Mensch liegt, wie er sich gebettet hat.
Der Mensch betrügt sich selbst, wenn er andere belügt.
Der Mensch strahlt das aus, was er in sich aufgenommen hat.
Der Mensch lenkt und empfängt, was er denkt.
Der Mensch lebt die Liebe, die er bekommen hat.
Der Mensch ist einfach nur »ein Mensch« und noch kein Gott.

Das sollten wir stets bedenken, wenn wir uns lenken,
dann können wir uns selbst etwas Gutes schenken.

Das Licht Gottes

Seht her, seht her, hier kommt das Licht,
doch der Mensch, er sieht es nicht.

Hört her, hört her, das Licht, es spricht,
doch der Mensch, er hört es nicht.

Stattdessen nimmt er lieber von Äußerlichkeiten das Gift,
anstelle von innen das göttliche Licht,
bis er letztendlich daran zerbricht.

Oh' mein Gott!
Warum sieht und hört der Mensch
        es einfach nicht:
»das göttliche innere Licht!«

Ein besonderer Abend

Ist es nicht sehr schade, einen Abend einfach totzuschlagen mit Fernsehen, lauter Musik, Alkohol, sexuellen Gelüsten und sonstigen Tätigkeiten und Vergnügungen, welche für den wahren Sinn des inneren Lebens nicht von Bedeutung und nur äußere Ablenkungen sind?

Befreie dich wenigstens an einem Abend von diesen Dingen!
Komme zur Ruhe und gehe in die Stille!
Wenn du dich von den obigen Genüssen befreit hast und zur inneren Ruhe und Stille gefunden hast, kannst du zu dir selbst finden und erkennen, wie es wirklich in dir aussieht.

Erschrecke aber nicht, das kann sehr unangenehm sein.
Tröste dich, es sieht in anderen Menschen auch nicht besser aus. Kümmere dich aber nur um dich!

Akzeptiere deinen inneren Zustand und freue dich darüber, dass du diesen überhaupt erkennen konntest!

Versuche es ernsthaft zu ändern und kehre um!
Mache so nicht mehr weiter!

Wenn du das wirklich willst, bekommst du auch die innere, göttliche Kraft und kannst allmählich immer mehr von innen heraus leben.
Du wirst mit einem neuen Leben von innen belohnt werden.

Dann war dieser Abend für dich von besonderem Wert.

Wenn du es noch nicht geschafft hast, gib nicht auf!
Wiederhole es so oft wie möglich!

Dann wird irgendwann auch dein besonderer Abend kommen.

Menschen und Sexualität

Menschen sehnen sich nach der Sexualität.
Sie haben dadurch Beziehungsprobleme.

Menschen verdrängen die Sexualität.
Sie haben dadurch Beziehungsprobleme.

Menschen leben sich in der Sexualität aus.
Sie erhalten dadurch Beziehungsprobleme.

Wenn du dies erkannt und es geschafft hast,
nicht mehr zu diesen Menschengruppen zu gehören,
erlebst du die wahre Sexualität.

Du liebst alle Menschen, du liebst dich selbst,
du liebst deinen inneren Herrn und bist mit ihm vereint.

Die »geistige Sexualität« ist das wahre Glück für den Menschen.
Sie ist grenzenlos und immer und überall anwesend.
– Sie lebt ewig –

Die wahre geistige Sexualität ist ein Leben in der reinen, echten, göttlichen Liebe.

Wer wird erlöst?

Erlöst, erlöst, wer wird erlöst?
Gerettet, gerettet, wer wird gerettet?

Uneigennützig und selbstverständlich nach den göttlichen Grundsätzen leben, aufgehen in sich selbst, dem wahren Menschen, ablegen des vom EGO-Ich geführten nach außen gerichteten Menschen.

Eigenverantwortung übernehmen, Eigeninitiative ergreifen, annehmen der inneren göttlichen Führung und den Weg selbst gehen!

Erst dann kann eine Erlösung stattfinden:

- wenn das innere Licht zu dir gekommen ist,
- wenn du es hörst, siehst und verstehst,
- wenn es sich mit dir vereint,
- wenn es künftig dauernd in dir scheint,
- mit göttlichen Geigen,
- ergibt sich ein himmlischer Reigen,
- dann herrscht vollkommenes Schweigen.

Den Weg selbst gehen:
Folget mir nach und folget meinem Beispiel!
So hat es Jesus-Christus bereits vor 2000 Jahren gelehrt.

Der »Wahre« Glaube

Glauben = nicht wissen,
Glauben = hoffen,
Glauben = hilflos oder ängstlich sein,

Glauben an den Glauben?
Glauben an das Nichtwissen?
Glauben an das Hoffen?

Wenn die Menschen an das Nichtwissen oder an die Hoffnung glauben, werden sie auch ängstlich und hilflos sein. Das entsprechende Ergebnis wird sich ihnen zeigen bzw. irgendwann offenbaren.

Diese Zeilen müssen die Leser natürlich auch nicht glauben, dafür werden sie das Ergebnis ihres nicht göttlichen Handelns erfahren. Dann können sie das glauben, was sie erfahren haben.

Wie kann der Mensch anderen Menschen einfach glauben, ohne sicher zu sein, dass diese überhaupt etwas wissen?

Was der Mensch selbst erlebt hat, kann er glauben.
Er hat es erfahren, es ist ihm bekannt.
Es ist eine Tatsache für ihn, aber für einen anderen Menschen nicht. Dieser andere Mensch kann es glauben oder auch nicht.

Jeder Mensch sollte an sich selbst glauben, dass auch er es schaffen kann.
Der Mensch kann alles erreichen, wenn er nur ernsthaft will und Vertrauen zu sich selbst hat.

Der Glaube kann Berge versetzen.
Wenn ich mir selbst nicht vertraue,
kann ich auch nicht an mich glauben. Vertraue ich mir selbst, gibt es keinen Grund, nicht an mich zu glauben.

Wenn das Göttliche bereits in mir ist, muss ich mich ihm aber auch anvertrauen. Nur dann kann es mich führen.

Ich soll mich führen lassen und die Führung dem Göttlichen in meinem Inneren übergeben.

Glaube an dich selbst, habe das Vertrauen, so wird dir geholfen.
»Ich bin bei dir alle Tage, bis ans Ende der Welt.«

Lass das unerschütterliche Vertrauen in dir leben!
Vertraue und glaube an das Göttliche in dir.
Gott wird für dich stets das Beste tun, wenn du dich ihm anvertraust.

Wenn du an dich glaubst und das Vertrauen zu Gott hast, kannst auch du beginnen, Jesus-Christus nachzufolgen und mit seiner Hilfe in sein geistiges Reich eintreten.

Uneigennützig, stets im Interesse des Gemeinwohls aller Menschen und nie im Interesse von sich selbst handeln!

Jesus-Christus warnte ausdrücklich vor den Schriftgelehrten, Hohenpriestern und Pharisäern und allen, welche aufgrund der Schriften Aussagen treffen, welche dort nicht enthalten sind, sondern von diesen Gruppen falsch ausgelegt und interpretiert wurden.

Die Menschen glauben aber immer noch den Schriftgelehrten, Hohenpriestern und anderen Menschen, statt auf ihre innere Stimme zu hören und sich für die göttliche universelle Wahrheit zu öffnen.

> »Sei offen für alles und prüfe!«
> So die Empfehlung von Jesus-Christus.

Allein sein (All – eins – sein)

Wer nicht allein sein kann, ist egoistisch.
Wer versucht, das Gegenteil zu behaupten und zu beweisen, offenbart dadurch bereits sein egoistisches Denken.

Nur im Alleinsein hast du die Möglichkeit, dich selbst zu erkennen. Du lernst immer mehr, andere Menschen zu achten, zu schätzen, zu lieben und zu verstehen.

Du bist dann mit allen verbunden und kannst dann auch im »All eins sein.«

Der Schmetterling

Ein Ding, ein Ding ein schönes Ding,
schaut her, ich bin ein Schmetterling.

Ich musste kämpfen, um zu sterben,
ich durfte kämpfen, um zu leben.

Gestorben bin ich, welch ein Segen,
nie mehr als Raupe die Welt erleben.

Mache dich endlich auf, lass mich raus!
Seit langer Zeit bin ich auch in deinem Haus.

Erlöse mich, lass uns gemeinsam fliegen,
keiner auf dieser Welt kann uns mehr besiegen.

Beginne das wahre Leben durch das wahre Lieben,
so wirst du auch den Tod besiegen.

Dein Schmetterling

2. Teil

Innere geistige Welt ist Leben

Weniger äußere irdische Welt, mehr innere geistige Welt.
Mehr innere geistige Welt, weniger Suchen nach Gott.
Weniger Suchen nach Gott in Äußerlichkeiten,
einfacher finden zu Gott in deinem tiefen Inneren.
Mehr wach und aufmerksam, dafür weniger blind und taub sein.

Gott ist bereits in dir!
Lasse ihn aus deinem Innersten hinaus.
Dann kann er auch in dir leben, und du kannst seine Welt erkennen.
Nur der göttliche Geist ist lebendiges, ewiges Leben.

Dieser Geist ist in dir, der göttliche Samen,
er will aufgehen und wachsen.

Alles andere ist vergänglich und geistig tot.
Nimm es auf, das reine, wahre und echte Brot,
lass hinter dir diese Welt voller Kummer und Not!

Nikolaus-Botschaft

Ein langer und mühseliger Weg
hat mich hierher gebracht.

Nun sitze ich hier und stelle mir Fragen.
Was wollte ich euch eigentlich sagen?

Die ganze Erfahrung, das viele Wissen,
ich legte all dies unter irgendein Kissen.

Nun bin ich ganz leer und kann euch sagen:
»Plötzlich ist alles ganz leicht zu ertragen.«

Gebt alles her, was euch wichtig ist im Leben,
dann bekommt ihr den höchsten göttlichen Segen.

Die wahre Liebe, gereicht aus göttlicher Hand,
sie allein löst euch vom menschlichen EGO-Verstand.

Herz – Seele – Körper

Solange du von Herzen aufrichtig und uneigennützig liebst,
machst du deine Seele glücklich.
(Das »EGO« ist dann ausgeschaltet)

Die Seele dankt es dir mit einer vitalen, seelischen
und körperlichen Gesundheit.

Sobald aber dein Körper und dein EGO sich mit Begierden
einschalten, wird die Seele wieder unglücklich.
(Das »EGO« übernimmt die Führung wieder)
Es ist der Beginn und die Hauptursache für alle
seelischen und körperlichen Krankheiten.

Wenn du dies verstehen kannst,
ist es auch für dich möglich, auf dem göttlichen Pfad zu gehen.

Du kannst dich selbst und alles um dich herum erkennen und sehen, wie es wirklich ist – und nicht – wie du es bisher gesehen hast.

Es wird deine Seele positiv berühren.
Als Dank wird sie dich näher an das Himmelreich führen.

Warum stört dich etwas?

Wenn dich etwas an einem Anderen stört,
ist die Ursache immer die,
welche zu dir selbst gehört.

Alle Anderen um dich sind dein eigener Spiegel,
denke stets daran und sei bei dir selbst penibel!

Erkenne es, räume bei deinen Unzulänglichkeiten auf,
dann bist du nicht nur bei den Anderen,
sondern auch bei dir selbst besser drauf.

Was dich bei anderen immer wieder stört, ist, wie es ist.
Arbeite immer nur an deinem eigenen Gerüst!

Erst dann kann dein inneres Haus auf festem Boden stehen.
Erst dann kannst du mit echter Freude durchs Leben gehen.

Der Fall

Wir leben hier auf dieser Erde
mit viel Leid und teils großer Beschwerde.

Gekommen sind wir hierher in die finstere Nacht,
welche vor langer Zeit durch den Fall verursacht.

Nur durch das innere Licht können wir erkennen,
warum wir manchmal planlos in der Gegend herumrennen.

Mit absichtslosem Eifer zurück in die »Göttliche Welt«
Nur das ist es, was Gott wirklich gefällt.

Danach sollen wir streben ein ganzes Leben,
um den Weg zurück in das »Göttliche Land« zu erleben.

Das wäre für uns alle ein großer Segen.

Weihnachten

Ein Kind ist geboren im einfachen Stall,
die Menschen feiern es überall.

Eine neue Seele kommt aus der dunklen Nacht,
welche Maria für uns zur Welt gebracht.

Auch wir können gebären als Mutter ein Kind,
eine neue Seele, auch in uns –
– durch den göttlichen Wind.

Haben wir den heutigen Sinn wirklich verstanden?
Folgen wir nach:
Lösen wir uns von Dogmen und unseren alten Banden.

Feiern auch wir in uns dieses Fest, die Geburt unserer neuen Seele, welche auch uns irgendwann in das Gottesreich lässt.

Weniger ist mehr

Weniger arbeiten, weniger Einkommen.
    Dafür mehr freie Zeit.

Weniger Druck, weniger Stress.
    Dafür mehr Entspannung.

Weniger unnötige private Aktivitäten.
    Dafür mehr sinnvolle Betätigungen.

Dadurch weniger Konflikte, weniger Probleme.
    Dafür mehr äußere und folglich auch innere Ruhe.

Dadurch mehr Erkenntnis und mehr Verständnis.
    Dafür weniger Suchen nach Zufriedenheit.

Dadurch mehr innere Harmonie und inneren Frieden.
    Dafür weniger Unzufriedenheit.

Dadurch weniger unsere irdische, ablenkende äußere Welt.
    Dafür mehr Entwicklung zur inneren göttlichen Welt.

Dadurch erfahren den wahren Sinn des Lebens.
    Dafür Abschiednehmen von Träumerei und Wahn.

Ergebnis:
Mehr echte, geistige und wahre Lebensqualität und innere Stille.

»Wahre Liebe, wahres Leben, göttliches Streben«

Hallo EGO

Hallo mein EGO,
du bist nur mein Placebo.

Was willst du noch von mir?
Ich will nichts mehr von dir!

Lass mich doch bitte in Ruh
und mache deine Augen zu!

Ich will dich nicht mehr sehen,
ohne dich werde ich viel besser gehen.

Dankeschön!

Du mein EGO-Ich

Guten Morgen, du mein EGO-Ich,
hast du gut geschlafen?
Kannst es einfach nicht lassen
und fängst schon wieder an zu denken.
Ärgerst mich den ganzen Tag,
bis ich einfach nicht mehr mag.

Warte ab, ich schaffe dich!

Ich nehme mich vor dir in Acht,
bis du wieder schläfst heute Nacht.
Und mein Herz, das lacht.

Sehen statt Fernsehen

Seit ich nicht mehr fernsehe,
sehe ich, wie ich in die Ferne gehe.

Je länger ich nicht mehr ferngesehen habe,
desto mehr trage ich diese Illusion zu Grabe.

Ich sehe immer mehr, ich sehe alles;
Jetzt sehe ich auch noch den Grund des Falles.
(In mir selbst)

Ich sehe in mich hinein und erkenne klar,
wie ich wirklich bin, es ist wunderbar.

Alles ist klar und alles im Licht,
keine Dinge mehr, welche mein EGO-Ich mir verspricht.

Keine Illusion mehr durch den Medienkanal,
Stille und Ruhe im inneren menschlichen Saal.

Beende auch du es und habe Mut!
Gib das Fernsehen und deine weiteren Verblendungen weg,
und alles wird gut.

Alles durch nichts

Du kommst aus dem Nichts, du gehst in das Nichts,
du bist nichts, du bist überhaupt nichts – gar nichts.

Hast du dich hier in deinem Nichts entdeckt,
bist du auch nicht mehr befleckt.

Aus dem Nichts bekommst du alles.
Die ganze Welt steht dir offen,
nichts fehlt, kein Bangen mehr, kein Hoffen.

Die ganze Welt ist hier in dir, du bist die ganze Welt.

Alles um dich herum ist nichts, du bist nichts,
die ganze Welt ist nichts, alles ist nichts.

Du bist alles und die ganze Welt bist du.

Wenn du aus dem Nichts bist, brauchst du auch nichts.
Du brauchst nur dich, dann bist du in allem und bist auch in mir.

Wenn du nichts mehr brauchst, bekommst du alles.
Hast du alles – hast du nichts, hast du nichts – hast du alles.

Das Boot

Wir sitzen alle im gleichen Boot,
täglich rudern wir hier für unser Brot.

Sinnvoll ist es im gleichen Takt zu schlagen,
um uns gegenseitig weiter nach vorne zu tragen.

Gemeinsam fahren wir über die Meere,
einsam ist alles nur gähnende Leere.

Rudern wir alle im gleichen Takt,
dauert die menschliche Komödie nur einen Akt.

Da aber jeder rudert, wie er nur will,
wird es für uns alle nie windstill.

Das ganze Leben rudern wir oft aneinander vorbei,
verzweifelt suchen wir stets die Lebenspolizei.

Gehen wir endlich bei uns selbst vor Anker,
dann entdecken wir den eigenen Riesentanker.

Die ganze Welt ist wie ein großes Schiff,
ständig fährt unser Boot gegen dieses Riff.

Wenn wir gelernt haben uns uneigennützig zu vertragen,
rudern wir gemeinsam und windstill ohne zu fragen.

Deine Feinde

Liebe deine Feinde und denke stets daran,
der größte Feind könntest du selbst sein.

Solange du nicht gelernt hast,
deine Feinde zu lieben,
werden sie dich bekämpfen.

Deine Feinde kannst du nur lieben,
wenn du sie verstehst.

Wenn du deine Feinde wirklich verstehst,
werden sie dich auch nicht mehr bekämpfen,
weil sie dies unbewusst spüren.

Wenn du dann auch noch deinen größten Feind
verstehen kannst, kannst du auch dich selbst lieben.
Denn:
Dein größter Feind bist immer du selbst.

Das Buch der Bücher

So lange du immer wieder neue Bücher brauchst,
hast du das für dich richtige Buch noch nicht gefunden.

Dieses Buch liegt seit langer Zeit tief in dir vergraben.
Hole es aus deinem inneren, verstaubten Keller.

Dieses Buch ist das wahre und richtige Buch für dich.
Es will zu dir! Du hast es selbst geschrieben!

Hole es aus deinem inneren tiefen Keller hervor.
Komme zur inneren Ruhe und lese regelmäßig darin.

Handle und lebe danach, so wie du es nach und nach
wieder verstehen und erkennen kannst.

Wenn du irgendwann alles verstanden hast,
kannst du auch vollständig danach leben.

Dann ist der Sinn deines Lebens hier erfüllt.

Die Fülle im Herzen

Die Reinigung im Herzen
befreit von allen Schmerzen.

Vernichtet sind Kummer und Leid
für dich in alle Ewigkeit.

Nur über das Herz kannst du
wahre Fülle erfahren,
bis dahin hast auch du
dein Kreuz selbst zu tragen.

Arbeite daran an allen Tagen,
bis dein Herz ganz rein ist
und leuchtet ohne zu fragen.

Dann gibt es keinen sauren Regen,
sondern nur noch göttlichen Segen.

Das Herz ist voller Sonne,
du lebst in voller Wonne.

Eins, zwei, drei oder vier

Eins, zwei, drei oder vier,
was machen die Probleme bei dir.

Fünf, sechs, sieben und acht,
du hast sie alle selber gemacht.

Zwölf, elf, zehn oder neun,
warum sollst du dich jetzt nicht mehr freuen.

Vier, drei, zwei und die Eins,
alles ist gut, auch wenn du mal weinst.

Die Null aber ist auch eine Zahl.
Beginne bei Null und versuch` es noch einmal.

Der Mensch ... iert, irrt!

Der Mensch ist von sich selbst fasziniert,
er ist zu oft nur an seinem Ego interessiert,
er versteht auch nicht, warum alles passiert,
er ist am anderen zumeist desinteressiert,
er lebt weiter völlig illusioniert,
bis er sich eines Tages selbst negiert.

Besser wäre es, wenn er sein Ego verliert
und mit der Gnade Gottes
in die göttliche Welt transfiguriert.

Die Wahrheit ist!

Die Wahrheit kannst du nicht sehen,
die Wahrheit kannst du nicht hören,
die Wahrheit kannst du nur schwer verstehen,
die Wahrheit willst du nur ungern verstehen,
die Wahrheit ist immer und überall anwesend.

Die Wahrheit ist!

Schaue dich an, das ist die Wahrheit!
Schaue in dich hinein, das ist die Wahrheit!
Schaue auf deine Situation, das ist die Wahrheit!
Wenn du die reine Wahrheit verstehen kannst,
dann kannst du ohne diese Welt, aber in dieser Welt
durch diese Welt gehen.

Ewig leben

Willst du ewig leben, das ist einfach.
Lebe heute, heute ist immer.

Immer ist heute, heute ist einfach.
Einfach ist ewig, ewig ist Leben.

Leben ist einfach nur »sein«,
heute und immer »sein«.

Bewusst-Sein, Gewahr-Sein, klar sein!
Dann ist alles auch »rein«.

Kein »Schein«, sondern nur »Sein«.

Normaler Mensch

Wir sind weder Buddha noch Jesus-Christus,
sondern alle ein ganz normaler Mensch.

Regen wir uns manchmal auch auf,
sind wir auch manchmal schlecht drauf.

Aber, wir sollen es annehmen und daran arbeiten.
Das gibt uns die Kraft, welche uns hilft zu allen Zeiten.

Stets werden wir weiter nach vorne getrieben,
lernen nach und nach alle Menschen zu lieben.

Schein ist Pein

Wo viele Menschen sind, gibt es auch viel Schein.
Sie reden und reden, welch eine große Pein!
Sie wollen und wollen immer haben und alles sein.
Das Wahre und Echte findest du jedoch nur allein.

Denn:
Das Göttliche und einzig Wahre
ist bereits bei dir daheim.

Von außen nach innen

Alles ist so einfach,
warum macht sich's der Mensch so schwer?

Er sucht alles im Außen,
wo doch innen brennt das Licht.

So lebt er stets weit draußen,
er lässt sein inneres Licht im Stich.

Das Licht jedoch, es brennt, für immer und ewig,
bis dass der Mensch erkennt, warum er draußen zerbricht.

3. Teil

Geld regiert die Welt

Geld, Geld, Geld,
Geld regiert die Welt.

Welt, Welt, Welt,
welche immer tiefer fällt.

Merkst du nicht,
was diese Welt verspricht?

Falsche Wege, Irrtum und Gift;
das alles willst du sicher nicht.

Gehe nach innen
in deine Tiefe hinein!
Dort wartet das Licht
und lässt dich gerne herein.

Lasse los diese irdische Welt
und den Wunsch nach immer mehr Geld!
Lebe wahrhaftig, wie es Gott gefällt.

Das Leben hat erst dann seinen Zweck erfüllt,
wenn ewiglich du bist von göttlicher Liebe umhüllt.

Danke – Danke – Danke

Deine Mutter hat dich auf die Welt gebracht.
Es gab keine andere Möglichkeit.
Nun bist du hier.

Auch du kannst dich auf die Welt bringen.
Wenn du gelernt hast, im »Heute« zu leben,
wirst du heute auch noch sterben.

Morgen wird zum Heute;
du bist dann gestern gestorben.

So bringst du dich selbst jeden Tag
»neu zur Welt«.
Jeden Tag wirst du neu geboren!

Ist das nicht faszinierend?

Und alles, weil dich deine Mutter
ein einziges Mal auf die Welt gebracht hat.

Sei dankbar für diese einmalige Möglichkeit und nutze sie!
Danke:
– deinem inneren Licht – deinen Eltern – dir selbst.

Problem

Wenn du nicht im Heute lebst,
hast du ein großes Problem.

Denn Gestern gibt es nicht mehr,
und das Morgen ist noch nicht angebrochen.

Du existierst somit heute auch nicht.
Folglich bist du heute tot.

Wenn du also nie im heutigen Augenblick lebst,
bist du ständig tot, obwohl du meinst, dass du lebst.

Denke mal darüber nach!

Vergangenheit

(5 Gebote für ein wahrhaftiges Leben)

Du sollst deine Vergangenheit nicht verleugnen!
Du sollst deine Vergangenheit nicht verdrängen!
Du sollst an deiner Vergangenheit nicht festhalten!
Du sollst deine Vergangenheit akzeptieren!
Du sollst lernen, deine Vergangenheit zu verstehen!

Erst dann kannst du mit deiner Vergangenheit so umgehen, dass du sie nicht mehr benötigst.
Sonst musst du, ob du es willst oder nicht, so lange an ihr arbeiten, bis du so weit gekommen bist, dass du alles Erlebte versteht, akzeptierst und liebst.

Nur dann ist Zufriedenheit und Harmonie in der Gegenwart möglich.
So kannst du dich auf die Zukunft freuen und brauchst keine Angst vor ihr zu haben.

Der Glaube als Brücke zum Ziel

Glauben ist die Brücke zu einem Ziel.

Demjenigen, der das Ziel kennt, schenkt der Glaube Kraft
auf dem Weg, dieses Ziel zu erreichen.

Wer nur den Glauben kennt und nicht das Ziel,
hat die Brücke noch nicht betreten.

Dem noch Unwissenden hilft der Glaube,
bis er sein Ziel erkennt und die Brücke findet.

Bleibt er jedoch allein am Glauben hängen,
weil ihm die Kenntnis über das Ziel fehlt,
kann der Glaube schnell zum Aberglauben werden.

Aberglaube führt jedoch stets in die Finsternis.

Der Weg zur Weisheit

Der Weg zur Weisheit führt über die Bescheidenheit.
Notwendig ist ebenfalls eine Uneigennützigkeit.
Die wahre Liebe führt dich zur Einsicht und Kenntnis
deiner inneren Einheit. Du lebst dann in der Wahrhaftigkeit.

Wenn du gelernt hast, in voller Aufrichtigkeit und Ehrlichkeit
zu leben, trägt dich dein Urvertrauen auf dem Weg in Richtung
Göttlichkeit.
Dadurch erreichst du die innere Freiheit.

So besteht für dich die einmalige Möglichkeit,
einzutreten in die ewige Glückseligkeit.

Der Wahrheitstest

Die Wahrheit ist kein weiches Ei,
die Wahrheit ist immer hart.

Bist du hart im Nehmen,
bist du für die Wahrheit reif.

Verdrängst du die Wahrheit,
ist die Wahrheit noch zu hart für dich.

Test!

»Du belügst und betrügst dich bereits ein ganzes Leben lang
durch Unehrlichkeit gegenüber dir selbst und anderen.«
(Ob wenig oder viel, es ist trotzdem so)

Wenn du mit einem Nein antwortest,
bist du nicht ehrlich und kannst die Wahrheit nicht ertragen.

Wenn du mit »Ja« antwortest, musst du dich sofort fragen:
Warum mache ich das? – Höre auf damit!
Es kommt früher oder später alles auf dich zurück.
Vergesse deine eigenen selbst gestrickten Wahrheiten!

»Nur die universelle göttliche reine Wahrheit
ist die einzige und echte Wahrheit.«

Eva und Adam

Schon immer haben die Evas die Adams verführt,
schon immer haben sich die Adams verführen lassen.

Hast du dieses Spiel durchschaut,
brauchst du keine falsche Braut.

Du lebst allein mit Gott vertraut,
gemeinsam ihr das wahrhaftige Haus aufbaut.

Der Adam ohne die Eva,
die Eva ohne den Adam:

Du bist dann das Absolute,
bekommst das neue Kleid
und feierst die innere göttliche Hochzeit.

Hallo Du – sind wir verbunden?

Mit allen, welche mich wirklich verstehen:

– sind wir verbunden
– wir haben uns alle gefunden
– drehen gemeinsam unsere Runden
– bis in unsere letzten Stunden

Unser körperliches Leben wird vergehen,
die Verbindung bleibt für immer bestehen.

Hören, Sehen und Verstehen

Wenn du das wahre Lesen gelernt hast,
kannst du auch mit den Ohren hören.

Du kannst auch mit den Augen sehen
und die Zusammenhänge verstehen.

Du hast gelernt, die Dinge zu erkennen.
Du kannst alles um dich herum leicht ertragen.

Es gibt auch nicht mehr viel zu sagen!
Es gibt auch nicht mehr viel zu fragen!

Es gibt nur noch »einfach sein!«

Der innere Reichtum

Die Wahrheit liegt nie außerhalb,
die Wahrheit liegt in dir selbst.

Die Wahrheit liegt nicht in der Persönlichkeit,
die Wahrheit liegt im allumfassenden Herz.

Mit diesem Herz ist auch dein Herz eins.

»Die Liebe ist die Wahrheit!«
»Das Herz ist die Liebe!«
»Die Liebe ist Gott!«
»Gott liegt im Herz!«

Der Zauberspiegel

Wenn du einen anderen Menschen liebst,
liebst du in Wirklichkeit nicht diese Person,
sondern deine eigene Welt in deinem Inneren,
welche sich in der von dir geliebten Person
in diesen Momenten widerspiegelt,
weil du deine eigene, innere Welt
auf diese Person projizierst.

Dies ist etwas Wunderbares,
kann aber nicht auf Dauer bestehen bleiben.

Es gilt auch für alles andere,
was du von innen heraus aus deiner eigenen Welt
nach außen projizierst.

Du kannst somit immer nur das sehen,
was du selbst von innen gerade bist.

Das ist alles!

Nur mit der Beendigung des Projizierens
aufgrund des erweiterten Bewusstseins
können sich Menschen uneigennützig und wahrhaftig lieben.

Nur so ist eine echte und bleibende Liebe auch zwischen
zwei Menschen möglich.

Leid – Zeit – Kleid

Du bist noch immer nicht so weit.
Du hast für die Wahrheit immer noch keine Zeit.

Du musst noch immer durch das Leid.

Mit Leid, das in aufrichtiger Hingabe und echter Demut
abgearbeitet wurde, bekommst du:

> das aus reiner Wahrheit gestrickte
> und von allem Übel befreite
> vollkommen und immerwährende neue Kleid.

Glatteis

Durch die eigenen Resonanzen
bringt sich der Mensch oft selbst
zum unfreiwilligen Tanzen.

Hierfür erschafft er sich ein glattes Eis,
wovon er zwangsläufig selbst nichts weiß.

Wenn er auf dem Eis gestürzt ist,
ist es fast schon zu spät.

Geht ihm aber das Licht der Erkenntnis auf,
hatte der Sturz doch noch einen erfolgreichen Lauf.

Stehe auf und führe mit dem Licht der Erkenntnis
ein sinnvolles Leben!
Dann war das Abstürzen auch ein Weg zum Abkürzen.

Jeder Mensch hat die Möglichkeit, die wahre Einsicht und
das Licht der Erkenntnis ohne Glatteis zu erlangen.

Die 7 Gebote auf dem Weg zum Sein

1. Ich bin – Freude!
2. Ich bin – Frieden!
3. Ich bin – Harmonie!
4. Ich bin – die Welt!
5. Ich bin – das Universum!
6. Ich bin – alles!
7. Ich bin – ich selbst!

Zusammenfassung:

»Du bist der Ursprung und die Liebe.«
Sei einfach du selbst, du bist es in deinem Inneren bereits.

Sei nicht nur der Verstand und das EGO-ICH,
welches nur so scheint, als ob du es bist.

Nehme die Ziffern 1 – 7 und male diese mit Farben an!
Mache ein schönes Bild daraus!

Hänge es auf im Schlafzimmer, in der Küche,
im Wohnzimmer, im Bad, wo immer du Lust hast!
Lese diese 7 Gebote so oft wie möglich!

Es wird dir helfen, immer mehr du selbst sein zu können,
weil du in schwierigen Situationen daran denkst
und es dir hilft, besser durch diese Situationen zu kommen.

Du wirst dann immer mehr so, wie du wirklich bist
und immer weniger das, was du bisher nur zu sein glaubtest.

Du wirst merken, dass es immer besser geht
und das führt allmählich zu mehr Lebensfreude.

Der Mensch und sein Gott

Jeder Mensch bekommt den Gott,
welchen er sich wünscht.

- den Gott der Wünsche und Begierden
- den Gott des Vergnügens
- den Gott der Macht
- den Gott des Geldes
- den Gott des Sports
- den Gott der Lust
- den Gott ....

Es gibt jedoch nur einen wahrhaftigen Gott:
Die »universelle göttliche Wahrheit und Liebe.«

Deine eigenen Gedanken

Glaube deinen eigenen Gedanken nichts mehr!
Sie sind es, welche dich ins Verderben stürzen.

Die Vergangenheit ist in den einzelnen Zellen gespeichert.
Jede aktuelle Situation ruft aufgrund dieser Muster
deine Gedanken auf den Plan.
Sie teilen dir sofort mit, dass es jetzt wieder so ist,
wie es schon einmal war.

Aber so ist es eben nicht, wie es angeblich schon einmal war,
weil jede neue Situation immer anders ist.

Es ist lediglich die trügerische Konditionierung
aufgrund der alten Muster behaftet mit den von
der Gesellschaft übernommenen und angelernten Dogmen.

Damit tut sich der Mensch selbst das größte Leid an.
Nur darüber gilt es nachzudenken und nicht über andere
Menschen, über die wir überhaupt nichts wissen.

Erkenne das und löse dich von deinen falschen Gedanken!
Du bekommst dann ein neues Leben geschenkt.

Verantwortung

Fehler, welche zu Unfrieden und Unglück führen,
kommen immer nur von uns Menschen.
Gott macht keine Fehler!

Aus diesem Grund kann Gott auch nicht verantwortlich
sein für das, was geschieht.

Wir alle ernten, was wir aussäen.
Wir gehören selbst ebenfalls zu den göttlichen Naturgesetzen.
So tragen wir die Verantwortung für alle Dinge,
welche in der Natur geschehen.

Wir tragen ebenso die Verantwortung
für das Handeln und Tun aller Menschen vor uns.

Wenn uns dies alles bewusst geworden ist,
sind wir auch in der Lage, durch unser Verhalten
Verantwortung zu übernehmen und selbst zu handeln.

Bewusstsein und Energie

Hörst du noch immer die innere, reine Stimme nicht?
Hörst du noch immer die innere, tiefe Quelle nicht?
Spürst du noch immer den inneren reinen Atem nicht?

Dann musst du weiter leiden, bis sich dein Bewusstsein
so erweitert hat, dass das Leid verschwunden ist.

– alles ist Bewusstsein –

Sei deshalb immer sehr aufmerksam!

Mehr Aufmerksamkeit führt zu mehr Konzentration!
Mehr Konzentration führt zu mehr Bewusstsein!
Mehr Bewusstsein führt zu mehr Energie!

Diese Energie speist deine eigene Kraftzentrale!

– alles ist Energie
– alles ist stets im Fluss

Wir alle schwimmen mit unserem eigenen Bewusstseinszustand in diesem Fluss mit:

– unzufrieden oder zufrieden
– in Disharmonie oder in Harmonie
– unglücklich oder glücklich

Resonanzen

Alles, was
– du im Leben siehst, siehst du mit deinen Augen.
– du im Leben hörst, hörst du mit deinen Ohren.
– dir im Leben begegnet, begegnet nur dir.

Alles, aber auch wirklich alles:
- ist deine eigene Musik, welche du hörst.
- sind deine eigenen Instrumente, welche du spielst.
- ist dein eigener Film, welchen du drehst.
- ist dein eigener Weg, welchen du gehst.
- ist, ist, ist, sind, sind, usw.
- immer du, du, du bist es immer, nur du.

Die Ergebnisse werden dir täglich, stündlich, in jeder Minute und Sekunde auf deinem eigenen Tablett von dir selbst an dich serviert.
Dieser zwar kostenlose, aber manchmal auch sehr schmerzliche persönliche Service kommt von deinen eigenen Resonanzen.

Du hast Resonanzen auf alles, was für dich gut und sinnvoll ist, um dich zu entwickeln.

Nimm diese Resonanzen dankbar an!
Verstehe und begreife, akzeptiere und handle entsprechend!

Wenn du nicht handelst, werden die auf dich zukommenden Situationen und Probleme, welche auch als Schicksal bezeichnet werden, für dich handeln.

»Arbeite täglich mit deinen Resonanzen, auch wenn es manchmal sehr schmerzhaft sein kann. Letztendlich schenkt es dir immer mehr Einsicht und Erkenntnis über dich selbst, und so immer mehr Energie und echte Lebensfreude.«

Himmel und Hölle

Wie kalt und warm und dunkel und hell,
wie laut und leise und trocken und nass!

Wie alle anderen Gegensätze
gehören auch Himmel und Hölle zusammen.

Nur wer durch die Hölle gegangen ist,
kann auch durch den Himmel gehen.

Wer in der Hölle war, hat jedoch noch
keine Garantie für den Himmel.
Er muss den Himmel auch erkennen können.
Erst dann kann der Mensch in den Himmel
eintreten, bzw. ist dann bereits dort angekommen.

Wer die Hölle nicht erfahren hat,
kann auch den Himmel nicht erkennen:
Denn:
die Hölle und der Himmel sind in dir.

Das Ende des Kapitalismus

Der Kapitalismus scheitert an seiner eigenen Gier,
welche ihn zunächst zur prachtvollen Blüte führt,
dann aber letztendlich in sich selbst zerfällt.

Es ist nur eine Frage der Zeit.
Diese Zeit ist gekommen!

Vom großen Schiff der »Titanic der Finanzen«
ist nicht mehr viel zu sehen.

Jeder Mensch wird sich aufgrund seiner eigenen
Resonanzen bewegen müssen.

Der Neuanfang ist nun für jeden zur Pflicht geworden mit dem Ziel:

- sich selbst zu finden und zurück zu gehen zum göttlichen Ursprung.
- Je größer die Krise, umso größer wird auch die Chance.
- Es muss jeder Einzelne endlich beginnen.
- Der Anfang ist das Entscheidende.

10 = Die Zahl für den Neuanfang
2008 = Quersumme »10«
10.10.2008 = ein dreifacher Neuanfang, 3 × »10«.

Das Jahr 2008 und insbesondere der 10.10.2008 wird in
den Geschichtsbüchern als ein besonderes Jahr und auch
als ein besonderer Tag eingetragen werden.

Wahres Wissen

Ein Mensch mit einem wahren Wissen
wird nicht gerne sprechen über das,
was er alles weiß.

Er weiß, dass ihm sowieso keiner glaubt,
der dieses Wissen nicht besitzt.

Würden sich zwei Menschen mit
diesem universellen göttlichen Wissen treffen,
gäbe es nichts zu sagen.
Was sollten sie sagen?
Was sollten sie fragen?

Die wahre universelle göttliche Weisheit
liegt im Schweigen verborgen.
Deswegen ist es nicht erforderlich,
darüber zu sprechen.

4. TEIL

Der Weg des einzelnen Menschen

Jeder Mensch muss seinen für ihn bestimmten
und selbst ausgesuchten Weg selbst gehen.
Es gibt für ihn keinen anderen Pfad.

Dankbar annehmen und mit Freude gehen, egal,
welche Schwierigkeiten und Herausforderungen
auf dem Weg zu bewältigen sind.
Jeder muss die für ihn spezifischen Aufgaben lösen.

Hier auf der Erde ist unsere Schule,
der Weg, die Aufgabe und das Ziel zugleich.
Der Weg führt zum inneren göttlichen Reich,
nicht von dieser Welt.

Es ist nur eine Frage der Zeit, welche in Fülle vorhanden ist.
Nehme dir die Zeit für das Tiefe und Echte deiner inneren Welt
und nicht für die oberflächlichen und unwichtigen Dinge
der äußeren Welt, was die Menschen leider allzu sehr viel
lieber tun.
Dadurch wird der Weg nur beschwerlicher und komplizierter.

Den Weg mit aufrichtiger Hingabe,
echter Demut und Liebe annehmen und gehen,
irgendwann wirst du das Wirkliche und Echte auch sehen.

Arbeiten für das Leben

Ich arbeite rund um die Uhr und dies mit Freude!
Habe keine Zeit zuviel, welche ich vergeude.

Lerne die Arbeit auf das Wichtigste zu erheben,
dann wird dir die Arbeit viel Freude geben.

Wir brauchen uns gegenseitig, um alles hier zu verkraften.
Darum sollten wir auch gemeinsam falsche Gedanken
entmachten.

Wenn wir das stets beherzigen in unserem Leben,
erhalten wir dazu auch den göttlichen Segen.

Lernen wir, miteinander bescheidener zu werden,
das gibt uns mehr Echtes und Wahres auf dieser Erde.

Wir sind hier, um zu lernen auf unseren Wegen,
um eines Tages zurück in den göttlichen Ursprung zu gehen.

Alles bewegt sich

Alles bewegt sich,
es ist alles im Fluss.

Bewege dich in dieser Natur
freiwillig ohne ein Muss!

Bewegst du dich nicht,
führt es dich zum Verdruss.

Bewegst du dich im natürlichen Fluss,
bekommst du täglich von Gott einen Kuss.

Der Himmel des Kindes

Im Sein ist der Mensch wie ein kleines Kind.
Er weiß eigentlich alles, fühlt sich aber so,
als ob er nichts weiß.
Das ist wahre Befreiung.

Das kleine Kind denkt nicht, sondern es handelt.
Es tut das, was ihm gerade in den Sinn kommt.
Sonst nichts.

Da sich immer viel und Neues ergibt,
ist das Leben des kleinen Kindes
wie ein Abenteuer in dieser Welt.

Erlebe auch du alles wie ein Abenteuer und nehme
das Abenteuer dankbar an.

Dann wird auch dein Leben zu einem Abenteuer und
zu Zufriedenheit und innerer Harmonie führen.

In Wirklichkeit sind alle Menschen in ihrem Selbst
in Geborgenheit, innerer Harmonie
und somit auch äußerem Frieden.

Was kann also schon passieren,
außer neue Erlebnisse in dem Abenteuer »Leben«.

Je länger der Mensch lebt, desto mehr
Erlebnisse und Abenteuer wird er bekommen.

Darum nehme alles dankbar und als Selbstverständlichkeit an!
Wenn du meinst, das nicht machen zu müssen,
werden Leid und Schmerzen kommen und immer
zahlreicher werden.

Alle sitzen wir in einem Boot und alle haben wir
das Gleiche zu lernen.

Wir wollen aber meistens nicht lernen,
wie auch kleine und große Kinder oft nicht lernen möchten.

Wir werden durch die Verweigerung zum Lernen
dann leider auch schmerzhafte und leidvolle Früchte ernten.
Warum also dieser Umweg?

Ist es dann nicht sinnvoller, gleich zu lernen und anzunehmen
»wie es ist«! Es ist ja sowieso so »wie es ist«!

Das kann kein Mensch ändern.
So wie es ist, ist es immer richtig.
Sonst wäre es ja nicht so.

Der Himmel ist immer und für alle Menschen stets offen.
Warum gehen so wenige Menschen hinein,
wenn alle Menschen schlussendlich hinein wollen.

Die Menschen machen schmerzhafte Umwege,
verzetteln sich immer mehr und kommen
deshalb mehr und mehr von der Himmelspforte weg.

»Werdet wieder wie die Kinder«,
der Himmel freut sich auf euch.

Die einzig wahre Lösung

Mehr Geld ist nicht die wirkliche Lösung!

Einsicht in die Zusammenhänge bei dir selbst
ist nicht nur die einzig wahre Lösung,
sondern der Türöffner für das Verstehen
aller Zusammenhänge auf dieser Welt
und im gesamten Universum.

Die Türe zu wahrer Harmonie und innerem Frieden
ist nur durch Einsicht geöffnet und führt dich zu dir selbst
in deinen Himmel und in das Geheimnis
des ganzen Universums,
welches du in deinem tiefen Inneren selbst bist.

Die zwei Möglichkeiten

Es gibt immer nur zwei Möglichkeiten:

1. Möglichkeit

Die Situation annehmen, wie sie ist und das Übel bei sich selbst suchen.
– Ego, Verstand usw. –

Nur so kann der Mensch sich entwickeln!

Ergebnis:
Ganzheitliche Sicht, unpersönliche Welt, innere Harmonie, wahre Liebe.

2. Möglichkeit

Die Situation nicht annehmen, wie sie ist und das Übel im Außen und bei anderen Menschen suchen. – Ego, Verstand usw. –

So kann der Mensch sich nicht entwickeln!

Ergebnis:
Persönliche Sicht, persönliche Welt, fehlende innere Harmonie, egoistische Eigenliebe.

> Auch wenn es dem EGO-Ich schwer fällt,
> gibt es keine Alternative.
>
> Früher oder später fallen alle tiefer,
> welche sich nicht für die 1. Möglichkeit entscheiden.

Liebe oder Leiden

Lieben oder Leiden?

Wir leben hier in dieser Welt, um uns zu entscheiden!

– für:
– die Liebe oder das Leiden.

Es kann jeder Mensch selbst entscheiden!

Gott macht keine Fehler

Was ist – ist!

Was ist – ist auch in Ordnung so, wie es ist!
Sonst wäre es nicht so, wie es ist.

- Gott macht keine Fehler.
- Er lässt die Situationen zu.
- Er verhindert sie nicht.

Das sind die Naturgesetze oder auch die göttlichen Gesetze von Ursache und Wirkung und den Resonanzen zu Dingen, welche eben jetzt und hier mit dem jeweiligen Menschen geschehen sollen.

Alles hat seine Zeit

Wenn die Zeit für erforderliche Situationen in deinem Leben
noch nicht gekommen ist, ist es sinnlos, diese Situationen
zu erwarten und zu wollen.

Da die Zeit noch nicht reif für diese Situationen ist,
sollte einfach akzeptiert werden,
wie es ohne diese Situationen ist.

Ist die Zeit dagegen gekommen,
werden die Dinge einfach geschehen:
als Geschenk, als Aufgabe, als Herausforderung,
als Schmerz, als Leid, als Freude usw.

So sollte das dann Eingetretene akzeptiert werden,
so wie es hier und jetzt gekommen ist.

Entwicklung

Entwicklung ist:
»Bewusstseinserweiterung«.

Nur mit Erweiterung des Bewusstseins und einem dadurch allmählich höherem Bewusstsein ist Einsicht und Erkenntnis möglich.

Nur mit Einsicht und Erkenntnis kann eine ganzheitliche und universelle Sicht der Dinge erreicht werden.

Nur mit einer ganzheitlichen, universellen Sicht ist ein echtes und sinnvolles Leben hier auf dieser Erde möglich.

Dies ist entweder durch aufrichtige Hingabe und echte Demut an das Leben oder durch Leid und Schmerz zu erreichen, ist aber immer noch keine Garantie.

Die Gnade Gottes, die Kraft des Universums, die hierzu erforderliche Energie, das entsprechende Licht durch die aufgehende Sonne im Herzen des Menschen muss die Resonanz dazu haben.
Dann ist dein innerer göttlicher Kern ganz nahe und es geschieht einfach. Du wirst mit ihm vereint.

Letztendlich sind wir alle hier auf dieser Erde geboren, um dem Ziel dieser Verwirklichung immer näher zu kommen und es irgendwann auch zu erreichen.

Ohne Entwicklung ist aber auch eine weitere Verstrickung und somit ein immer tieferes Dasein möglich.

Gott erscheint!

Zermürbe dein EGO-Ich:

Erkenne die für dich wertvollen Gedanken
und nehme diese in Dankbarkeit an!

Erkenne die für dich wertlosen Gedanken
und gebe diese an deinen Verstand zurück.

Dein Herz lacht – deine Seele ist entzückt.
Dein EGO-Ich weint – Gott erscheint!

Die Sucht nach der Flucht

Alle Menschen sind süchtig,
alle Menschen sind auf der Flucht.
Es ist die Sucht nach der Flucht.

Anstelle zu sich selbst im Inneren zu finden,
werden immer andere Dinge im Äußeren gesucht.
Dies kann immer nur ein Ersatz sein.

Der eine sucht es im Beruf,
der andere in Partnerschaften,
ein anderer in Hobbys und Sport,
ein anderer in Macht und Geld,
in materiellen Dingen, in Zuneigungen,
auch in spirituellen Dingen,
in Esoterik, in Religionen,
in körperlicher Liebe,
in, in, in, in, in ....

Diese Suche kann nie zu einem dauerhaften Erfolg führen,
weil es immer nur eine Flucht von sich selbst ist.
Die Menschen gehen immer weiter weg von sich selbst,
statt immer näher zu sich hin, zu ihrem inneren Sein.

Sie haben Angst vor ihrer eigenen Persönlichkeit.
Es ist oftmals ein trauriger Kreislauf, welcher zu immer größerer
innerer Unzufriedenheit und zu äußerlichen Krankheiten führt.

Die Menschen suchen nach dem Sinn des Lebens.
Sie versuchen in allen nur möglichen äußerlichen Ablenkungen
diesen Sinn zu finden.

Aber schlussendlich führen diese Versuche nicht zu Erfolg, innerem Frieden und Harmonie und folglich auch nicht zu einem wirklich sinnvollen Leben.

Der einzige erfolgreiche Weg ist eigentlich gar kein Weg:
»Bleibe hier, hier bei dir, alles ist hier, hier in dir!«

Der Mensch muss es annehmen und erkennen,
dann gibt es kein weiteres Fortrennen.

Lasse es frei, das Göttliche in dir,
denn du bist es selbst und immer nur du allein.

»Das Eigentliche und Echte ist verdeckt,
du hast es selbst versteckt.
Erkenne es wieder und lasse es frei,
sofort ist auch die Flucht vorbei«.

Dann bist du in deinem inneren Himmel angekommen.
Kein Streben mehr nach äußeren Wünschen und Begierden,
keine Sucht mehr nach der Flucht.

Du bist die Liebe und das Leben selbst.
Sei dankbar, dass du in diesem Leben noch am Leben bist,
entdecke, dass du selbst dein Himmel bist.

Es ist das Göttliche in dir, welches schon immer da war.
Ob Samenkorn, Gottesfunken, Lotusblüte, der innere Quell,
die goldene Rose, die innere Leere …

Es gibt viele Bezeichnungen dafür und alle Religionen bezeichnen es nach ihrer eigenen Auffassung.

Aber dieses Göttliche oder auch der wahre Sinn des Lebens wird zu oft in Äußerlichkeiten gesucht und es werden eigene Götter verherrlicht und angebetet.

So binden Glaubensgemeinschaften und Religionen Menschen zu oft an ihren eigenen Glauben und führen sie dadurch auf Umwege und Irrwege.

Denn:
das Göttliche ist die Tiefe des Nichtseins,
der Ursprung von allem Sein in dir selbst.

Das ist nirgendwo sonst in äußeren Dingen,
in keiner Religion und keiner sonstigen
Glaubensgemeinschaft zu finden.

Es ist hier und jetzt, dein innerer eigener Himmel,
»in dieser Welt, aber nicht von dieser Welt«.

Warum willst du das nicht?

Prüfe, warum?

Laudatio auf das Göttliche in dir

Die Lösung ist = die universelle göttliche Wahrheit,
Die Lösung ist = das Licht Gottes in dir,
Die Lösung ist = das göttliche Geschenk an dich.

»Die allmächtige heilige Kraft, die Naturgesetze, die göttlichen Gesetze der reinen Wahrheit und Gerechtigkeit!«

Diese wirkten schon immer, und diese waren bereits da, bevor die uns bekannte Welt entstanden ist.

Diese Gesetze wirken in dir und in jedem einzelnen Menschen. Aufaddiert ergeben die Wirkungen durch alle Menschen den aktuellen Stand, wie er sich in der Welt derzeit ausdrückt. Hier gibt es noch sehr viel zu tun, um unsere Welt zu retten.

Das Licht soll aufgehen und freigelegt werden, durch jeden einzelnen Menschen, damit die Welt wirklich erneuert und zu einer neuen Schöpfung werden kann.

Bei jedem Einzelnen muss es beginnen und kann somit nach und nach auf der ganzen Welt wirken und diese allmählich erneuern.

ES IST:

- Jesus Christus in dir, das ewige Licht,
- Buddha in dir, das ewige Licht,
- Krishna in dir, das ewige Licht,
- Mohammed in dir, das ewige Licht,
- Laotse in dir, das ewige Licht

– und weitere Heilige, welche immer wieder
für uns bereit sind, um uns das innere Licht zu geben,
wenn wir es wirklich wollen.
– Alles ist in dir und immer nur in dir selbst
und in keinem anderen Ort in dieser Welt
und auf keinem anderen Planeten.

Erkenne das göttliche Licht in dir,
lasse es in dir aufgehen und in dir leben.

ES = das GÖTTLICHE
und Geschenk der reinen Liebe.

ES = das GÖTTLICHE
und wahre Leben nicht von, aber in dieser Welt.

ES = das GÖTTLICHE
erkennen und zu leben ist der wahre Sinn des Lebens.

Hinweise und Informationen zur Lehre vom Islam und zur christlichen Lehre von Jesus Christus

Das Wort Dschihad bedeutet im Islam nicht »Heiliger Krieg«, sondern »Anstrengung und Bemühung auf dem Wege Gottes«. Mohammed hat sich unablässig für den Frieden und die Nähe zum Schöpfer eingesetzt. Er lehrte Mitgefühl gegenüber Menschen und Tieren, Nächstenliebe, Bescheidenheit und Demut. So wie es Jesus-Christus und Buddha auch getan haben. Sein Umgang mit Nachbarn, Frauen und Andersgläubigen war beispielhaft. Mohammed hat seine Gefährten u. a. belehrt: »Der Beste unter den Gläubigen ist derjenige, der seine Frau am besten behandelt«. Mohammed habe christliche Delegierte in der Moschee beten lassen und von seinen Anhängern Respekt gegenüber allen Religionen verlangt.

Diese wenigen Aussagen decken sich bereits zu 100 % mit der Lehre von Jesus Christus. Auch er sagte einmal: »Ich bringe nicht den Frieden, ich bringe das Schwert.« Auch das bedeutet keinen Krieg, sondern das Schwert bedeutet, dass jeder Mensch bei sich selbst den eigenen Krieg gegen sein EGO führen und nach der Lehre von Jesus-Christus die Liebe zu allen Menschen und Tieren auf dem Weg Gottes leben soll. Somit volle Übereinstimmung mit dem Dschihad.

Religionskriege wurden in früheren Jahren leider nur deswegen geführt, weil die nachfolgenden Religionsführer die Lehren von Mohammed und Jesus Christus entweder versehentlich oder bewusst falsch ausgelegt haben.

Interessant ist hier aber auch, dass der Buddhismus keine Kriege geführt hat. Hier ist bekannt, dass der Mensch im Ursprung ein Geistwesen und die irdische Welt eine Illusion ist. Somit werden die Herausforderungen der irdischen Welt sehr bewusst und sehr dankbar im Sinne der göttlichen Schöpfung gelebt. Vorbildlich für alle Menschen und Religionen.

Jungfrau-Geburt, vermutlich falsch übersetzt und sollte eher lauten: »Geburt durch eine junge Frau«.
Ob damals versehentlich oder absichtlich falsch übersetzt wurde, das spielt heute auch keine Rolle mehr.
»Siehe, eine Jungfrau ist schwanger und wird einen Sohn gebären«, heißt es über Maria. Doch war die Mutter von Jesus wirklich unberührt? Das ursprüngliche Wort »alma« bedeutet nicht nur »Jungfrau«, sondern auch »unverheiratete Tochter« oder »junge, verheiratete Frau«.

Christus, die göttliche Kraft/Energie/Verbindung oder auch der wahre heilige Geist

Der Mensch Jesus wird durch die obige Kraft erst zu Jesus Christus. Oder besser auch vom JESUS zum CHRISTUS. Diese Umwandlung kann jeder von uns erreichen, das ist ja gerade das Ziel von jedem hier auf dieser Erde. Dazu braucht es eben gerade eine immer wiederkehrende Inkarnation, weil das so einfach eben nicht ist. Deswegen auch Reinkarnation genannt. Durch unsere vielen Erfahrungen in den einzelnen Inkarnationen sollen wir lernen, irgendwann den Weg, welcher eigentlich gar kein Weg ist, zurück zu finden. Wir müssen uns eigentlich nur selbst finden, unser geistiges Höheres Selbst. Einfach erklärt, aber sehr schwer zu erreichen, da der Verstand mit seinem Ich alles besser weiß und somit sich der Mensch immer wieder nur selbst im Wege steht.

Die Vater-Sohn-Eigenschaft

In der geistigen Welt ist unser »eigentliches Ich, unser höheres Selbst einmalig«. Jeder Mensch hat dieses einmalige höhere Selbst. Aus diesem geistigen höheren Selbst wird unser niederes Selbst, auch Ich genannt, geboren. Das höhere Selbst ist somit der Vater für das niedere Selbst, welches in der stofflichen Welt, also hier auf der Erde, als Mensch geboren wird. Dass dieser auf der Erde geborene Mensch und somit bei uns hier inkarnierte Mensch, weiblich oder männlich, stets mit dem geistigen Vater verbunden bleibt, das ist auch verständlich. Dieser Mensch hat sich jedoch mit seinem Ich von seinem geistigen Vater getrennt und somit beginnt immer wieder von neuem das leidige Spiel, das wir alle nur zu gut kennen.

Warum ist niemand in der Lage oder will niemand von unseren kirchlichen Autoritäten diese doch eher einfache Erklärung abgeben? Der Grund ist sehr einfach: Dann bräuchten wir diese Autoritäten, somit die ganzen Kirchenführer aller Religionen, nicht mehr, welche uns bis heute in die Irre geführt haben. Unbewusst oder bewusst, also absichtlich oder unabsichtlich, das spielt keine Rolle.

Immer mehr Menschen glauben den Kirchenführern nicht mehr, insbesondere bei uns im Westen. Das ist auch der Hauptgrund, dass in den letzten Jahrzehnten immer mehr Menschen sich den östlichen Religionen, hier insbesondere dem Buddhismus, angeschlossen haben. Die Entstehung der sogenannten Esoterik ist auf die nicht mehr glaubwürdigen Kirchenführungen im Westen zurückzuführen.

Ähnlich verhält es sich mit der AFD. Wenn die Politik, somit die etablierten Parteien nicht seit bereits sehr vielen Jahren immer mehr von ihrer Glaubwürdigkeit verloren hätten, dann wäre die AFD erst überhaupt nicht entstanden. Aktuell ist die AFD aber sogar die einzige Partei geworden, welche sich mutig in Sachen Corona-Beschränkungen für die Bürger einsetzt.

Über diese Dinge musste im Zusammenhang der aktuellen Corona Situation und der Neuauflage von mir berichtet werden. Das lag mir sehr am Herzen im Interesse von allen Menschen, welche diesen Sachverhalt nicht so sehen oder auch nicht kennen.

Siehe auch *www.khwetti.de*

5. Teil

Weisheiten zum Leben

Das Weinen reinigt die Seele
und fördert die Entwicklung:
durch wachsendes Erkennen
der Beschaffenheiten wahrer Dinge.

Irdisches Leben,
Geistiges Leben,
Göttliches Erleben,
durch ein bitteres Beben,
ergibt den wahren Segen.
Wer hat etwas dagegen?
»Das EGO-Ich«

Wer in allen Bereichen an die Grenzen seiner individuellen Möglichkeiten gestoßen ist, der hat wirklich gelebt. Diese Erfahrung kann ihm keiner nehmen und es kann durch kein Buch der Welt ersetzt werden.

Der Mensch gleicht einem Bahnhof
und wartet auf den Zug,
welcher in die Glückseligkeit fährt.
Der Zug wird nie ankommen.
Der Bahnhof muss abgerissen
und neu aufgebaut werden.

Wer keinen eigenen Halt hat,
klammert sich an alles,
was ihm auf seinem Weg entgegen kommt.
Wer sich vom Urvertrauen tragen lässt,
braucht keinen Halt.
Er trägt sich in sich selbst.

Bedenke, Mensch, du fährst auf einem sinkenden Schiff,
und der Kapitän ist dein EGO-Ich.
Wäre es da nicht sinnvoller umzukehren und ab sofort
mit deinem Herzen als Kapitän zu fahren.

Wenn ein Fisch sein ganzes Leben nur an der
Oberfläche des Ozeans schwimmt,
hat er die wertvollen Dinge in der Tiefe
des Meeresgrundes nie gesehen.

In jeder einzelnen der angeblich so unbedeutenden zahlreichen
Kleinigkeiten steckt das große Geheimnis des wahren Grundes
für unser Leben hier verborgen.

Jeder Mensch ist ein großartiger Schauspieler und sein eigener
Regisseur zugleich in seinem eigenen Theater.
Über zu wenig Zuschauer muss er sich nicht beklagen.
Applaus bekommt er dafür selten.
Wenn er dann noch merkt warum, kann er sich entwickeln.

Die Seele schreit!
Aber der uneinsichtige Mensch
ist noch immer nicht so weit.

Suche deine Probleme immer nur bei dir selbst!
Du wirst diese nirgendwo anders finden.

Wer bei der Betrachtung der Dinge nicht in die Tiefe geht
oder nicht in die Tiefe gehen kann,
vermag aber auch nicht aus dieser Tiefe zu schöpfen.

Wir alle sind auf diese Erde gekommen, um zu arbeiten
und zu lernen, und nicht, um uns zu vergnügen.
Wer etwas anderes sagt, erzählt Lügen

Das einzig Wichtige aus deiner Vergangenheit ist die Aufdeckung deiner eigenen Unzulänglichkeiten.
Nur so kannst du in der Gegenwart frei und harmonisch leben, dir deine Zukunft sinnvoll aussäen und dich an deiner Ernte erfreuen.

Der Mensch muss lernen, »NEIN« sagen zu können.
Der Menschen muss aber auch lernen, dass er akzeptiert, wenn andere Menschen »NEIN« sagen.
Der Mensch muss auch lernen, zu ungesunden und nicht bewährten Gewohnheiten bei sich selbst »NEIN« sagen zu können.

Die höchste und erfolgreichste Motivation ist:

»die wahre Liebe«.

Nur sie führt zu wirklichem und bleibendem inneren Reichtum.

Das höchste Glück ist:

»die Ankunft in seinem wahren Selbst«.

Ruhe, Stille, innere Harmonie und wahre Liebe
tragen dich für immer und ewig im wahren Selbst.

Schlusswort

Freuen wir uns alle, dass wir noch leben, danken wir Gott dafür und gehen voller Zuversicht und Vertrauen in unserem Leben weiter.

Gerade die aktuelle und sehr schwierige weltwirtschaftliche Situation aufgrund der verursachten Finanzkrise, welche die gesamte globale Welt beeinträchtigt, fordert jeden Einzelnen heraus.

Egal, welche Schwierigkeiten und Herausforderungen auf uns zukommen, nehmen wir alles mit aufrichtiger Hingabe und in echter Demut an!

Das Göttliche ist immer anwesend und strömt ständig aus dem Universum zu uns. Wenn sich ein Mensch dieser heiligen Kraft ernsthaft öffnet, kann er diese Kräfte jederzeit erhalten und mit Hilfe dieser göttlichen Kraft alles auf ihn zukommende im Interesse des universellen Ganzen sinnvoll bewältigen.

Jeder Mensch hat seinen eigenen Weg.
Er muss ihn gehen, ob er will oder nicht.
Die größte Herausforderung im Leben eines jeden Menschen ist und bleibt:
»Er selbst!«

In diesem Sinne empfehle ich dir bei ernsthaftem Interesse beim Beginn auf dem Weg nach innen viel Geduld und Ausdauer mit dir selbst, damit nach und nach immer mehr Einsichten und Erkenntnisse möglich sind.

Mit dem Spruch »es gibt nichts Gutes, außer der Mensch tut es« wünsche ich dir, es immer im Interesse und zum Wohl des universellen Ganzheitlichen auch zu tun, um dadurch nach und nach immer mehr bleibende Zufriedenheit durch innere Harmonie in deinem Leben zu erreichen.

Ende

Das Büchlein ist zu Ende,
falte freiwillig deine Hände,
bitte deinen inneren Gott um eine Spende:

»Lasse in mir bitte scheinen dein ewiges Licht,
damit mein EGO bald zerbricht.«

»Lasse in mir bitte entstehen eine neue und ganzheitliche Sicht.«

Amen!

Einzelne Literaturempfehlungen

ADAMS, Robert: Stille des Herzens
Kamphausen Verlag, ISBN 978-3-933496-49-2

AIVANHOV, Omraam Mikhael: Die wahre Lehre Christi
Prosveta Verlag, ISBN 978-3-895515-027-2

AIVANHOV Omraam Mikhael: Das kosmische Gleichgewicht
Prosveta Verlag, ISBN 978-3-89515-082-7

ALT, Franz: Liebe ist möglich, Die Bergpredigt im Atomzeitalter
Piper Verlag, ISBN 978-3-492-10429-6

BALSEKAR, Ramesh S.: Pointers
Kamphausen Verlag, ISBN 978-3-933496-44-7

GUTE NACHRICHT BIBEL
Deutsche Bibelgesellschaft, ISBN 978-3-438-01622-5

GENFER STUDIENBIBEL
Hänssler Verlag, ISBN 978-3-7751-1783-8

HENDEL, Barbara / FERREIRA, Peter: Wasser und Salz
Ina Verlag, ISBN 978-3-00-008233-7

JENTSCHURA, Peter: Gesundheit durch Entschlackung
Verlag Peter Jentschura, ISBN 978-3-933874-03-0

JUS, Mohinder Singh: Die Reise einer Krankheit
Homöosana-Verlag, ISBN 978-3-906407-03-6

KONSTANTIN, Klaus: Heilung braucht Wahrheit
Sheema Medien Verlag, ISBN 978-3-931560-42-3

KRISHNAMURTI, Jiddu: Einbruch in die Freiheit
Ullstein-Verlag München, ISBN 978-3-548-74044-7

MAHARAJ, Sri Nisargadatta: Ich Bin
Kamphauser Verlag, ISBN 978-3-933496-03-4

MANTESE, Mario: Das, was du wirklich bist
Drei Eichen Verlag, ISBN 978-3-7699-0600-4

MANTESE, Mario: Licht einer großen Seele
Drei Eichen Verlag, ISBN 978-3-7699-0595-3

OPITZ, Christian: Ernährung für Mensch und Erde
Hans-Nietsch Verlag, ISBN 978-3-929475-07-4
RIS, Armin / ZÜRNER, Ronald: Vegetarisch leben
Govinda Verlag GmbH, ISBN 978-3-906347-77-6
SCHREYER, Paul: Chronik einer angekündigten Krise
Westend Verlag Frankfurt, ISBN 978-3-86489-316-2
Siehe auch Pandemie-Planspiele, Vortrag
SCHWAB, Klaus: Great Reset
Dictus Publishing, ISBN 978-613 7-35388-2
SIEGERT, Christa M.: Geheime Botschaft im Märchen
Hermanes T. Verlag, ISBN 978-3-925072-04-8
TOLLE, Eckhart: Jetzt! Die Kraft der Gegenwart
Kamphauser Verlag, ISBN 978-3-933496-53-9
WILLIAM, Anthony: Mediale Medizin (*Amerikanische Originalausgabe von 2015, Deutsche Erstausgabe 2016)*
Arkana Verlag, ISBN 978-3-442-34199-3

Mein Dankeschön

Die erste Ausgabe meines Buches erfolgte ohne Verlag in eigener Regie. Dies war nur möglich durch die Mithilfe meines Schwagers Alois Geng, meines Bruders Manfred Wettinger und meiner zwischenzeitlich langjährigen Freundin Ursula Wucher, mit der ich seit Beginn unserer Freundschaft eine sehr tiefe seelische und geistige Verbindung habe.

Alois, ein ehemaliger Konrektor und Religionslehrer, hat meinen Entwurf auf Rechtschreibung und Grammatik überprüft. Gerne habe ich die von ihm vorgeschlagenen Änderungen ausgeführt.

Manfred hat mein fertiges Manuskript professionell auf seinem Computer aufbereitet; so musste ich das druckreife Manuskript lediglich noch an mein Reprostudio weiterleiten.

Ursula hat die schwierige Aufgabe der Rezensionen übernommen, die sie hervorragend gelöst hat. Einzelne Vorschläge für Änderungen habe ich dankbar angenommen.

Ein aufrichtiges und von ganzem Herzen großes Dankeschön an diese drei wunderbaren Menschen. Ohne diese sehr wertvolle Mithilfe hätte meine erste Ausgabe nicht erscheinen können.

Des Weiteren danke ich allen Menschen, denen ich in meinem bisherigen Leben begegnen durfte. Auch wenn es immer wieder zu großen Herausforderungen gekommen ist, waren es gerade diese Herausforderungen, die am wertvollsten und für meine persönliche Entwicklung wichtig waren.

In diesem Zusammenhang einen Dank auch an meine zwischenzeitlich verstorbenen Eltern, ohne die ich in diese irdische Welt nicht hätte eintreten können.

Ein weiteres Dankeschön gilt dem Leben selbst und dem göttlichen Ursprung, aus dem diese irdische Welt entstanden ist. Aus diesem göttlichen Ursprung entspringt die unendliche heilige Energie, die jedem Menschen die Möglichkeit gibt, selbst zur Quelle des Ursprungs – zurück zu sich selbst zu seinem tiefen inneren Sein – zu finden.

Diesem großen Wunder im unendlichen Universum, dieser göttlichen Macht und heiliger Energie ein respektvolles, großes Dankeschön.

Inhalt